UNE TENTATIVE
DES ALLEMANDS
DANS L'EURE
ET LA SEINE-INFÉRIEURE

Pendant la Guerre de 1914

PAR

MAURICE COLLIGNON
Membre de la Société libre de l'Eure

Avec un plan hors texte de la Forêt de Lyons
(La Fusillade de Martagny-Neufmarché).

ÉVREUX
IMPRIMERIE CH. HÉRISSEY

1917

UNE TENTATIVE

DES ALLEMANDS

DANS L'EURE

ET LA SEINE-INFÉRIEURE

Pendant la Guerre de 1914

Extrait du Recueil des travaux de la *Société libre d'Agriculture, Sciences, Arts et Belles-Lettres de l'Eure*, Série VII, tome III, 1915.

TIRÉ A 200 EXEMPLAIRES

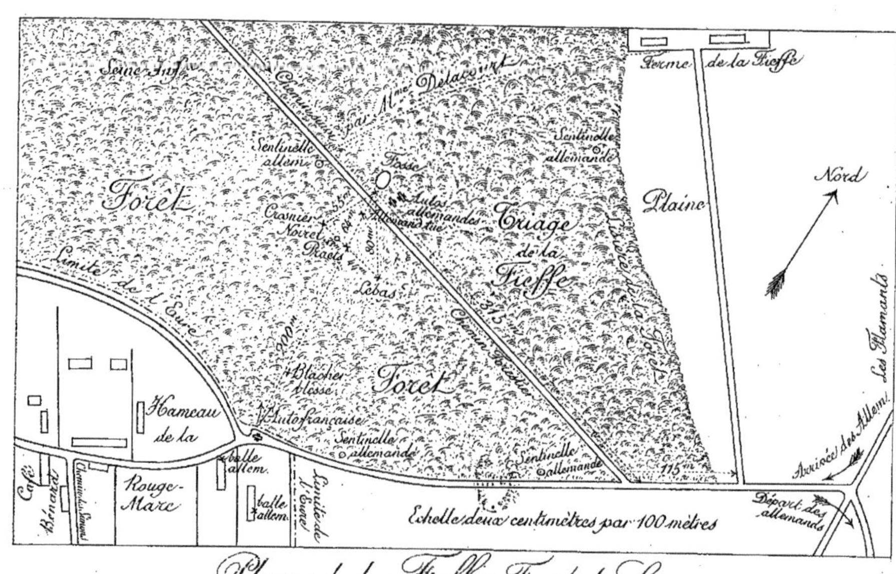

Plan de la Fieffe, Forêt de Lyons

UNE TENTATIVE
DES ALLEMANDS
DANS L'EURE
ET LA SEINE-INFÉRIEURE

Pendant la Guerre de 1914

PAR

MAURICE COLLIGNON

Membre de la Société libre de l'Eure.

Avec un plan hors texte de la Forêt de Lyons

(**La Fusillade de Martagny-Neufmarché**).

ÉVREUX

IMPRIMERIE CH. HÉRISSEY

—

1917

UNE
TENTATIVE DES ALLEMANDS
DANS
L'EURE ET LA SEINE-INFÉRIEURE
PENDANT LA GUERRE DE 1914

Les réservistes de la territoriale affectés à la garde des voies de communication ont un service pénible. L'été sous un soleil brûlant, l'hiver par la pluie, la neige, la gelée, de nuit et de jour, ils montent la garde sur les voies ferrées.

Les G. V. C. courent des dangers sérieux sur les lignes qui avoisinent ou longent le front. Dans le département de l'Eure, ils sont peu exposés aux balles allemandes et si l'on peut citer des morts dans notre région, c'est que des réservistes furent tamponnés par les trains avant ou après la relève des sentinelles.

Cependant les gardes-voies de la région d'Oissel, Pont-de-l'Arche et Elbeuf coururent du danger dans la nuit du 16 au 17 septembre 1914. Deux autos du génie allemand parcoururent la région dans le but de faire sauter les ponts de la ligne de Paris à Rouen.

Un sous-officier de gendarmerie, deux gendarmes et un civil furent tués dans la forêt de Lyons, à la limite de la Seine-Inférieure et de l'Eure, par les soldats allemands transportés en automobile.

L'initiative du sergent Alphonse Leroy, chef-adjoint

du groupe 5 des gardes-voies à la gare d'Oissel, permit la capture entre Oissel et Pont-de-l'Arche des deux autos et des ennemis qui les montaient.

Mais en remontant l'enchaînement des faits en cette journée tragique on arrive à une humble femme de Martagny, Mme veuve Delacour, née Octavie Gosse, âgée de cinquante-six ans, qui, dans la matinée du 16 septembre, vers 8 h. 45 du matin, découvrit quatre des Allemands à l'extrémité Est de la forêt de Lyons, au lieu dit la Fieffe; c'est elle qui, en les signalant à la gendarmerie de Gournay-en-Bray (Seine-Inférieure), fit manquer cette expédition aventureuse.

Des récompenses diverses furent accordées à tous ceux qui avaient concouru à la découverte et à l'arrestation des dynamiteurs de ponts.

La croix de guerre fut décernée au sous-officier de gendarmerie Crosnier, tombé sous les balles allemandes, et la médaille militaire au sergent Alphonse Leroy qui fut promu adjudant.

L'Académie des sciences, arts et belles-lettres de Rouen répartit entre douze militaires et civils le prix Dumanoir destiné à récompenser l'auteur d'une belle action. Les récompenses furent distribuées aux ayant-droit ou à leurs familles dans la séance annuelle de l'Académie le 16 décembre 1915.

La Société libre de l'Eure qui, elle aussi, récompense le mérite et est l'historiographe de notre département, se devait de conserver dans ses archives, dans son bulletin annuel, le souvenir d'une journée mémorable dont les épisodes se déroulèrent dans notre région [1]. Un ancien

[1] Une partie de cette relation a paru dans le Bulletin de la Société libre d'agriculture, sciences, arts et belles-lettres de l'Eure, année 1915.

sous-officier de gendarmerie de l'Eure y fut tué, ainsi qu'un habitant des environs de Gisors, plusieurs habitants et militaires de notre département jouèrent un rôle dans cette tragédie. Ce premier récit qui pourra être complété plus tard à l'aide des archives de la Guerre servira de jalon aux historiens locaux et appellera leur attention sur des noms de braves gens qui méritent ne pas être oubliés.

*
* *

A la mi-septembre 1914, au début de la bataille de l'Aisne qui suivit immédiatement notre victoire de la Marne, les Allemands avaient le plus grand intérêt à entraver nos mouvements de troupes. Notre aile gauche remontant vers le Nord et vers la mer menaçait leur flanc droit. Le 15 septembre, le commandement allemand résolut de couper nos communications en profitant de la discontinuité de nos lignes. Avec une audace qui n'avait d'égale que l'intrépidité de ceux qu'il envoyait au milieu de nos populations, à plus de 100 kilomètres du champ de bataille, il fit partir pendant la nuit du 15 au 16 septembre huit autos qui se divisèrent deux par deux dans la région nord-ouest de Paris : c'est du moins ce que déclara le capitaine du génie arrêté dans la nuit du 16 au 17 septembre entre Oissel et Pont-de-l'Arche.

Une seule expédition réussit : le pont de Canaples, sur la ligne d'Amiens à Doullens et à Frévent (Pas-de-Calais), fut dynamité et s'écroula après que les Allemands eurent tué deux gendarmes français.

Dans l'expédition dont nous allons parler, deux autres automobiles allemandes traversèrent le département de l'Oise et l'arrondissement des Andelys et allèrent s'embouteiller pendant la nuit dans une boucle de la Seine entre Oissel et Pont-de-l'Arche, non sans avoir fait des victimes sur leur passage.

Huit jours auparavant, des Allemands en automobile avaient déjà détérioré la voie ferrée à Us-Marines, entre Pontoise et Gisors (ligne de Paris-Dieppe), et à Méru, ligne de Paris à Beauvais.

Il ne faut pas oublier que l'expédition lointaine sur Rouen était aventureuse, car, outre les gardes des voies de communication relevant de l'autorité militaire et formées des réservistes de la territoriale, beaucoup de villes et de communes avaient créé des gardes civiles qui arrêtaient les automobiles au passage et demandaient les sauf-conduits.

Les deux autos qui traversèrent l'arrondissement des Andelys et furent prises dans l'arrondissement de Louviers portaient une dizaine de militaires du génie allemand dont l'uniforme pouvait se confondre avec celui des Anglais. Au début de la guerre, les éclaireurs allemands en automobile étaient parfois acclamés et fêtés au passage par les villageois qui croyaient fêter nos alliés.

Mme Delacour eut l'intelligence de ne pas commettre cette méprise et si elle ne put convaincre du danger le maréchal des logis chef Crosnier, commandant la brigade de Gournay, elle l'amena tout au moins à s'inquiéter de sa révélation et à en vérifier l'exactitude. Le malheureux sous-officier paya de sa vie sa demi-incrédulité.

Le maréchal des logis chef Crosnier, médaillé militaire, venait de prendre sa retraite au début de 1914 au Havre, où il commandait en dernier lieu. Rappelé au service par la mobilisation, il avait été envoyé à Gournay. Il était âgé de quarante-sept ans. Il avait débuté comme gendarme à Gaillon et Louviers, puis il avait été successivement nommé brigadier à Etrépagny, maréchal des logis à Darnetal près Rouen, maréchal des logis chef à Louviers et enfin il avait terminé ses deux dernières années de service au Havre.

Le chef Crosnier, que j'ai particulièrement connu pendant son séjour à Louviers, était l'homme de devoir par excellence. Bienveillant envers ses subordonnés, courtois et conciliant avec le public dans la limite des règlements, travailleur et toujours soucieux de contenter ses chefs, c'était le parfait sous-officier de gendarmerie.

Les deux gendarmes qui furent tués avec le maréchal des logis chef étaient : le vétéran Praëts, âgé de soixante et un ans, qui avait contracté un engagement pour la durée de la guerre, et M. Lebas, quarante-trois ans, gendarme réserviste.

Un habitant de la région, originaire de Bouchevilliers (Eure), M. Blacher, Fernand, âgé de 25 ans, qui avait servi de guide aux gendarmes, fut blessé mortellement. Un garde civil, M. Noiret, Edmond, instituteur adjoint à Gournay-en-Bray, échappa seul à la fusillade.

Le raid allemand, rougi du sang français à son début, coûta aussi du sang allemand. Un soldat du 18e pionniers fut tué par une balle française au cours de la fusillade de Neufmarché-Martagny. Le chef de l'expédition, qui était capitaine de pionniers, un sous-officier et un soldat furent blessés et faits prisonniers à Sotteville-sous-le-Val et Tourville-la-Rivière entre Oissel (Seine-Inférieure) et Pont-de-l'Arche (Eure). Cinq pionniers allemands non blessés furent capturés dans la nuit du 16 au 17 en même temps que leur capitaine. Deux autres qui s'étaient enfuis se constituèrent prisonniers cinq jours après, dans la nuit du 21 au 22 septembre.

Ainsi se termina cette expédition heureusement avortée.

Après l'avoir esquissée à grands traits, nous allons retracer :

1° L'affaire de Neufmarché-Martagny ;

2° La capture des autos allemandes entre Oissel et Pont-de-l'Arche.

LA FUSILLADE DE NEUFMARCHÉ-MARTAGNY

LA RENCONTRE DE Mme DELACOUR

Mme veuve Delacour, née Octavie Gosse, à laquelle on doit la découverte des Allemands dans la forêt de Lyons, au triage de la Fieffe, est née, en 1858, à Nesle-Hodeng[1] (Seine-Inférieure). Elle habite le hameau du Bord-du-Bois, commune de Martagny; les quelques maisonnettes qui composent le hameau sont entourées de haies vives, de petits vergers et s'égrènent au milieu de la verdure, à la lisière de la forêt, le long d'un chemin herbu, creusé d'ornières, qui suit la limite de la Seine-Inférieure et de l'Eure. Elles sont en contre-bas du chemin et de la forêt sur le versant d'un vallon étroit, un ravin, qui prend naissance au milieu du massif forestier et aboutit 2 kilomètres plus bas, vers le sud, à la vallée de la Lévrière.

La maisonnette de Mme Delacour est la dernière du hameau du Bord-du-Bois en remontant le ravin; elle est encadrée de deux côtés par une magnifique futaie.

Le mercredi 16 septembre 1914, au matin d'une de ces belles et chaudes journées qui ont terminé le premier été de guerre, Mme Delacour quitte sa modeste

[1] Mme Delacour est nourrice; son mari, qui était bûcheron dans la forêt de Lyons, est mort au début de 1914, six mois avant la guerre.

maison pour faire une longue course. Elle doit aller à la Ferrière, gros bourg de 1.300 habitants à 2 kilomètres de Gournay-en-Bray. Habituée aux travaux de la campagne, ses cinquante-six ans ne s'effraient pas d'une course de 24 kilomètres aller et retour. Aussitôt sortie de chez elle, il lui faut traverser un kilomètre de forêt. Pour aller au plus court, elle abandonne le chemin qui, après avoir longé le hameau du Bord-du-Bois conduit à la Rouge-Mare par la forêt. Elle prend à gauche un sentier qui mène à un large chemin d'exploitation forestière, lequel chemin traverse le triage de la Fieffe et aboutit au chemin vicinal de Martagny à Neufmarché. En débouchant sur le chemin vicinal, elle sera entre les hameaux de la Rouge-Mare (Eure) et des Flamants (Seine-Inférieure) à 380 mètres de la limite des deux départements.

Le triage forestier de la Fieffe, où sont cachés les Allemands, est dans l'angle sud-est du polygone de 2 à 3 kilomètres de diamètre formé par la forêt. Cet angle est limité du côté sud par le chemin vicinal qui, parti de Martagny, traverse les hameaux de la Rouge-Mare et des Flamants et aboutit dans Neufmarché à la route nationale de Paris à Dieppe par Pontoise et Gournay-en-Bray ; du côté est, l'angle de la forêt est limité par la ferme de la Fieffe et par la plaine.

Les Allemands venus par le hameau des Flamants entre 3 et 4 heures du matin sont entrés dans la haute futaie de hêtres par le chemin forestier que suit en sens contraire Mme Delacour et qui aboutit à moins de cent mètres de l'angle sud-est de la Fieffe.

Le terrain est plat sur un vaste espace ; sous la voûte de verdure, haute de 20 mètres, les arbrisseaux et les taillis n'ont pu vivre. Sur une surface de 8 à 10 hectares, le regard n'est heurté que par les troncs des hêtres droits comme des piliers de cathédrale. Les frondaisons basses des jeunes arbres et des arbrisseaux ne reprennent leur place au soleil et leur droit à l'existence que sur la lisière, sur les deux côtés de l'angle forestier. Parties de terre, des bords mêmes du fossé, les frondaisons de la lisière forment un rideau qui, de la route, ou de la plaine, ou de la ferme de la Fieffe, empêche le regard de pénétrer sous bois.

Les Allemands ont bien choisi leur cachette. De la Fosse où ils sont tapis, ils voient sans être vus. De plus ils ont coupé les jeunes arbres qui, malgré l'épaisseur de la voûte, étaient excrus ici et là sous la futaie, aux abords du chemin forestier; ils les ont piqués en terre autour de la Fosse et autour de leurs deux autos, de sorte que deux rideaux existent; le premier à 200 ou 300 mètres du côté de la plaine et le long du chemin vicinal est formé par les feuillages de la lisière; le second, à quelques mètres tout autour de la Fosse et des automobiles, est formé par des feuillages rapportés. Quatre sentinelles sont cachées dans les feuillages de la lisière, tous les 150 mètres, sur les deux côtés de l'angle, le long de la route et de la plaine. Des branches piquées en terre augmentent l'épaisseur du taillis qui sert d'abri aux sentinelles.

En suivant le chemin forestier de la Fieffe, Mme Delacour va passer à côté du repaire boche. La Fosse, cette cuvette circulaire ou plutôt légèrement elliptique est à 4 mètres du chemin herbu; ses lignes ovoïdes tapissées d'herbe et de mousse sont si doucement infléchies que, malgré sa profondeur maxima de 1^{m},80, on peut la scruter tout entière à une distance de 15 à 20 mètres. Les

Allemands ne laisseront pas Mme Delacour approcher à plus de 40 mètres. Ils auraient pu la tuer ou tout au moins la bâillonner et s'en saisir, mais ils ignoraient si elle n'était pas attendue, si sa disparition ne serait pas d'un pire effet que ses révélations. En l'effrayant le moins possible, ils avaient la ressource d'être pris pour des Anglais, comme cela leur était arrivé déjà et devait leur arriver encore. La douceur s'accordait avec la prudence; mais Mme Delacour était perspicace et ce fut leur perte.

LE RÉCIT DE Mme DELACOUR

Voici le récit que j'ai recueilli de la bouche même de Mme Delacour qui s'exprime avec clarté et intelligence :

« J'étais partie à 8 heures 1/2 du matin, pour aller chercher un livret chez M. Richmutt, un Suisse, à Ferrière, près de la gare de Gournay. J'avais le pressentiment qu'il allait m'arriver malheur, je ne sais pourquoi.

« J'avais fait 600 mètres. Je marchais dans mon sentier [1]. Je vois des branches, des jeunes arbres qui avaient été coupés nouvellement avec une hache. Je me dis :

— C'est rosse de couper du bois vert comme ça.

« Un peu plus loin, un soldat qui montait la garde me prend par le bras. Je ne l'avais pas vu ; il était caché derrière un gros arbre. J'ai resté sur place.

« En me retournant, je vois à sa main une lance [2]. Je lui dis :

[1] Ce sentier est le chemin forestier qui traverse le triage de la Fieffe et aboutit au chemin vicinal entre la Rouge-Marc et les Flamants, à 377 mètres de la limite de l'Eure.

[2] L'arme que le soldat tenait à la main était une courte baïonnette

— Vous m'avez fait peur, monsieur.

« Il ne m'a pas répondu. Sa lance était à sa main droite, la pointe vers la terre.

« J'étais morte de frayeur.

« Je continue à marcher dans le sentier. Il fait deux pas rapides en avant pour m'empêcher de passer et il se met devant moi, en me faisant signe de me taire. Il fait deux petits sifflements avec sa langue : « Pss! Pss! » En même temps, il abaisse deux fois sa main droite qui tient la lance. Il fait comme ça... »

Et Mme Delacour, deux doigts étendus, les autres repliés fait le geste, et abaisse sa main droite qui tient une baïonnette imaginaire. La mimique veut dire dans toutes les langues : « Taisez-vous, n'appelez pas, ne criez pas! »

« Il m'a laissée à ce moment sans dire un mot et il s'en est allé dans la Fosse tout à côté de la ligne[1].

« De la Fosse est sorti le chef, un gros blond de moyenne taille, même uniforme gris cendre, coiffé d'un calot. J'ai supposé que c'était le chef. La sentinelle lui a parlé. Le chef m'a regardée pendant que l'homme lui parlait et il a hoché la tête deux fois, il a levé les épaules deux fois. »

Mme Delacour imite le geste, la tête un peu penchée, les yeux levés vers le ciel.

« Après avoir levé les épaules d'un air de pitié, le chef est rentré dans la Fosse.

« Je suis revenue sur mes pas. Je me retournais pour

de pontonnier ou de pionnier, à la fois arme et outil, l'un des côtés de la lame étant tranchant comme un coutelas, l'autre côté taillé en dents de scie comme une égoïne.

[1] La « ligne » est une expression qui désigne le chemin d'exploitation traversant la section forestière de la Fieffe.

voir s'ils me suivaient. C'est là que celui qui m'avait pris a fait : « Pstt! Pstt! » Avec son doigt, il me faisait signe de revenir vers lui.

« J'ai dit : « Il va me tuer, je ne vais pas y aller ». J'ai fait un signe comme lui, pour qu'il vienne vers moi, mais il a fait signe avec sa lance que je devais arriver auprès de lui. Il est venu à moi tout souriant. Il a dit plusieurs fois :

— Tier, tier.

« Cela voulait dire sans doute : « Sentier ».

« Et puis il a ajouté :

— Dage, dage.

« J'ai compris : « Village » et j'ai répondu :

— Oui, pour retourner vers le village.

« Il a pris sa lance de sa main gauche et avec le bras droit, il m'a pris par la taille pour me détourner de la Fosse. J'en étais à 30 mètres environ. Je lui ai dit :

— Vous n'avez pas besoin d'avoir peur; vous êtes des malheureux comme nous, ce n'est pas moi qui vous fera du mal. »

« Il a haussé les épaules; il m'a laissée et il est revenu à son arbre monter la garde.

« En continuant mon chemin, j'ai vu deux autres Allemands, qui étaient à genoux dans un petit sentier le long du fossé. Ils regardaient le charretier à Mme Denier, cultivatrice de la ferme de la Fieffe, qui labourait dans la plaine.

« J'ai passé devant la ferme de la Fieffe, qui est à la lisière de la forêt. Je me suis en allée au hameau des Flamants. J'ai dit à Mme Olivier, débitante, que les Allemands étaient dans la forêt. Elle m'a dit de le dire au maire de Neufmarché.

« J'ai été chez M. Couverchel, maire. Je lui ai raconté tel que je viens de le raconter.

« Le maire a envoyé le garde-champêtre qui a été par la route neuve. Il n'a pu rien voir. Il est revenu en disant :

— Y a pas plus d'Allemands dans la forêt que d'hannetons sur une gaule.

« Moi j'étais sûre que c'étaient des Allemands. J'ai continué mon chemin et j'ai été à la gendarmerie de Gournay. »

LE SCEPTICISME DES GENDARMES

Le maire de Neufmarché n'avait pas cru à « cette histoire d'Allemands » cachés dans la forêt. Trop de bruits fantastiques couraient depuis la mobilisation : tout inconnu devenait un espion, tout cycliste qui demandait son chemin était regardé de travers. Le maréchal des logis chef Crosnier resta aussi sceptique ; il en avait trop vu et trop entendu depuis un mois. Il reçut Mme Delacour avec sa politesse coutumière, mais il ne lui cacha pas qu'elle avait dû confondre des Anglais avec des Allemands. Les 13 et 14 septembre, 20.000 territoriaux du 4e corps remontant vers le nord avaient traversé Mainneville, Martagny et la forêt de Lyons : comment s'imaginer qu'ils aient pu laisser filtrer des Allemands entre leurs colonnes.

Voici le dialogue qui s'engagea entre le chef Crosnier et Mme Delacour qui, très émotionnée, pleurait et pouvait à peine parler :

— M. Couverchel, le maire de Neufmarché, vous a-t-il téléphoné, Monsieur ?

— Pourquoi donc, Madame?

— Les Allemands sont dans la forêt de Lyons.

— Madame, vous vous trompez. La troupe y a passé il y a deux jours. Ce sont des Anglais qui font des patrouilles dans la forêt pour voir ce qui se passe.

Mme Delacour insiste, ce sont bien des Prussiens qu'elle a vus; elle raconte comment une sentinelle l'a empêchée de s'approcher de la Fosse et l'a détournée de son chemin.

— Combien étaient-ils? demande M. Crosnier.

— Il y en a un qui monte la garde, le gros qui est sorti de la Fosse, et deux qui montaient la garde sur la lisière, de la Rouge-Mare jusqu'à la Fieffe.

— Calmez-vous, Madame, ce sont des Anglais.

Le maréchal des logis chef demande à Mme Delacour comment étaient habillés ces militaires qu'elle a vus. Elle lui explique que leur uniforme est de couleur gris cendre. Elle n'a pas remarqué si leur coiffure, leur calot, est entouré d'une bande rouge.

— Qu'est-ce que vous appelez la Fosse? demande le sous-officier de gendarmerie.

— Je ne sais pas comment dire, c'est un trou d'où on a tiré du caillou, de l'argille (*sic*) ou du sable.

— Combien qu'ils pourraient être dans la Fosse?

— Une vingtaine, c'est planté, on ne peut pas voir. Ils ont planté des branches tout autour de la Fosse. Il y a deux autos. M, Olivier, débitant aux Flamants, m'a dit qu'il y avait deux autos, il les a entendues passer ce matin.

— Calmez-vous, Madame, ce sont des Anglais.

— Prenez main forte, la Fosse est à droite, la garde (la sentinelle) est à gauche, vous n'y arriverez pas; vous serez tué avant.

Le maréchal des logis chef fait diverses questions à Mme Delacour, lui demande son nom et elle part pour Ferrière. Le soir, elle n'osa pas rentrer seule à Martagny, elle se fit reconduire en voiture et apprit la tragédie qu'elle n'avait pu prévenir malgré ses avertissements.

LA FUSILLADE ALLEMANDE FAIT QUATRE VICTIMES

Le maréchal des logis chef, tout en restant assez sceptique, a décidé de s'enquérir sur place. A midi, il téléphone à son collègue, le brigadier de gendarmerie de Mainneville. Il lui annonce qu'une femme a été arrêtée dans la forêt par deux uhlans, et il s'entend avec lui pour que les deux brigades se rencontrent entre 14 heures et 14 heures 30 entre la Rouge-Mare et les Flamants. L'expression qu'il emploie : « Une femme arrêtée par deux uhlans » paraît indiquer qu'il croit à la présence de deux éclaireurs égarés ou de deux déserteurs boches, ou encore de fuyards de la bataille de la Marne.

Il fait demander une auto au garage de Gournay tenu par Mme Caria, qui remplace son mari, mobilisé depuis le 4 août. L'auto et le chauffeur René Allée seront à la disposition des gendarmes vers 13 heures.

M. Crosnier fait aussi prévenir M. Noiret Edmond, un jeune instituteur-adjoint de Gournay, âgé de vingt-trois ans, qui fait partie de la garde civile organisée au début de la guerre[1] et qui a l'habitude de les accompagner dans leurs patrouilles. Comme les gendarmes, M. Noiret ne croit pas au danger d'une rencontre avec des uhlans

[1] Toutes les gardes civiles de France furent licenciées par arrêté ministériel, le 1er novembre 1914.

problématiques. Quinze jours de patrouilles faites vers Songeons, Beauvais. Bresles, Bulles., etc, en compagnie des officiers du 9e régiment de cuirassiers l'ont habitué aux racontars amplifiés et aux fantômes de l'imagination populaire.

• Un troisième civil fait partie de l'expédition : c'est M. Blacher Fernand, âgé de vingt-cinq ans, frère de Mme Caria. Il est arrivé la veille, 15 septembre, de Talmontiers (Oise) où habite sa mère ; étant de santé précaire et ayant été réformé au conseil de revision, il vient au garage de Gournay pour aider sa sœur restée seule. Il guidera les gendarmes, car il connaît bien le pays, Talmontiers étant à 6 kilomètres de Martagny.

L'auto franchit rapidement la distance de Gournay à Neufmarché. L'après-midi est belle, le soleil brille ; c'est une chaude journée de septembre. Le chef Crosnier a l'uniforme réglementaire avec le pantalon de toile blanche. Le plus vieux gendarme, comme les vieux territoriaux du début de la guerre, n'a pas encore l'uniforme complet, mais les képis et les carabines suffiront pour inquiéter les Allemands et faire partir leurs fusils. M. Noiret est aussi armé d'une carabine de gendarmerie ; quant au chef Crosnier, il n'a que son revolver.

Un peu avant deux heures et demie l'auto arrive à la pointe de la Fieffe, longe la forêt sur 400 mètres et s'arrête dans un angle herbu, une sorte d'enhachement sur le côté droit du chemin vicinal, juste au point où la limite des deux départements coupe la route et longe la forêt. Les deux premières constructions à l'entrée de la Rouge-Mare sont à gauche de la route à une distance de 40 et 50 mètres de l'auto ; toutes deux recevront les balles de la fusillade.

Les gendarmes de Mainneville ne sont pas encore arrivés ; comme on l'a su par la suite, un pneu de bicyclette a crevé au départ et a retardé l'heure de la rencontre. Ce petit accident de machine a sauvé la vie du chef de brigade et de ses trois hommes. A 14 h. 25, ils étaient exactement à 150 mètres du calvaire de la Rouge-Mare, c'est-à-dire à près d'un kilomètre du lieu du drame lorsqu'ils entendirent une vive fusillade.

Les gendarmes de Gournay, sans attendre leurs collègues de Mainneville étaient entrés vivement sous bois et ils s'aperçurent trop tard de l'embuscade qui les attendait à 250 mètres de l'auto arrêtée.

Laissons M. Edmond Noiret, le seul acteur survivant du drame, raconter le sanglant engagement qui, en une minute, coucha trois hommes sur le tapis de feuilles sèches, de mousse et d'herbes clairsemées couvrant le sol de la futaie.

RÉCIT DE M. NOIRET

« Le 16 septembre 1914, j'allais me mettre à table, lorsqu'un gendarme de la brigade de Gournay-en-Bray vint me demander de me rendre avec eux dans la forêt de Lyons afin de rechercher un Boche, qui, d'après les dires d'une personne s'y était réfugié. A 12 h. 15 je trouvais les gendarmes finissant leur repas, tout en se disputant fortement. Ils étaient quatre à la brigade. Lequel allait rester pour assurer le service ? Pas un ne voulait rater ce que nous considérions comme une partie de plaisir. Une heure d'attente pour avoir une auto nous permit de terminer la discussion et de désigner le gendarme Masse pour assurer le service de la brigade. Il était venu avec nous, la veille, en patrouille à Beauvais. L'auto mise à notre disposition par Mme Caria était conduite par René Allée. Le frère de Mme Caria, M. Blacher, qui se rendait à Talmontiers, profita de notre voiture.

« En arrivant à Neufmarché l'auto stoppa devant la maison du maire. Le maréchal des logis entra afin de prendre des renseignements complémentaires. Le maire ne put en fournir, mais nous conseilla de nous rendre à la Rouge-Mare. Blacher connaissant la région s'offrit comme guide.

« Après avoir interrogé vainement plusieurs personnes de Neufmarché, nous poursuivîmes notre route. Le long de la lisière de la forêt de Lyons, nous questionnâmes une demoiselle se rendant à la Rouge-Mare. Son mutisme et son sourire moqueur nous indiquèrent qu'elle ne prenait pas au sérieux notre question. Plus loin un détour de la route nous permit de voir une dizaine de personnes réunies à l'entrée de la Rouge-Mare. Arrêt brusque de notre part, toujours pour nous renseigner, précipitation des personnes qui voyant les uniformes des gendarmes s'écrient : « Il est là, à l'entrée, il nous a causé.... » Descendre par les deux portières, nous enfoncer dans le bois fut l'affaire d'un instant. J'étais aux côtés du maréchal des logis ; je lui montrai un homme à l'uniforme verdâtre reculant à 100 mètres de nous d'arbre en arbre. « Tirez » dit le logis. J'ajuste, mais l'uniforme, pareil à celui de nos forestiers, me fit hésiter. Une balle passant en sifflant ne nous laissa aucun doute. « Mais tirez-donc » hurla le logis qui n'était armé que d'un revolver d'ordonnance (nous tous avions des carabines Lebel de cavalerie).

« Nous courions vers l'endroit où le Boche venait de

disparaître. J'avais le chef à 10 mètres à ma gauche, Praëts à ma droite et Lebas à l'extrême droite. Je criai : « Mains hautes, hands up ». Les balles sifflaient, nous avancions toujours ; je suivis une file d'arbres. Près de l'endroit où le Boche avait disparu un feu violent nous accueillit. Je criai à Praëts qui courait tout en épaulant de l'épaule gauche : « Mais couchez-vous ! » Un choc sourd, Praëts tombe à deux mètres de moi, face contre terre à demi replié sur lui-même. Il se plaignait. Je me jetai entre les racines d'un gros hêtre. En regardant autour de moi je me vis seul. Une foule de pensées se succédant avec netteté me fit recharger rapidement mon arme. Le chargeur ne pouvait se détacher, je l'arrachai violemment et parvins à en glisser un autre. D'un fourré à 30 mètres, des Boches se glissaient. Je tirai sur le plus près qui s'effondra, puis sur deux autres à ma gauche. Praëts avait fini de râler.

« Je me relevai d'un bond et, d'une course folle, en crochets, je me repliai. Que le temps fut long ! Une crainte : celle d'une balle dans les jambes ! Je glissai une cartouche dans ma carabine.

« A la sortie René Allée, le conducteur de l'auto, impassible sous les balles qui sifflaient à ses côtés attendait : « Vite, lui criai-je, à Mainneville ».

« J'avais entendu dire par le chef Crosnier que les gendarmes de cette brigade avaient rendez-vous avec nous. Mais de quel côté la route ? On nous indiquait deux directions... Y avait-il encore des Boches dans le village ? J'entrai dans une maison et je demandai des habits pour me déguiser. Les gens étaient affolés : « Ne rentrez pas Monsieur », etc., etc. Sans rien attendre je repartis.

« René Allée prit une route qu'on venait de lui indiquer.

« A la sortie du hameau, j'aperçois quatre gendarmes poussant à la main leurs bicyclettes. Quelques pneus étaient crevés. C'étaient les gendarmes de la brigade de Mainneville. En quelques mots ils furent mis au courant.

« Nous retournions vers la forêt, mais il fut jugé plus prudent de se replier. C'est dur d'abandonner les camarades. L'auto se rendit à Mainneville avec le brigadier; nous, en embuscade près d'une ferme, guettant la lisière de la forêt et de la plaine. L'ordre de rentrer à la gendarmerie arriva. Du bureau de poste de Mainneville je téléphonai à la gendarmerie de Gournay.

Le Dr Pillouard partit vers le lieu de la rencontre. Je répondis aux questions nécessaires au procès-verbal. Le docteur revint! Mes compagnons morts! Blacher blessé et je ne l'avais pas vu!

« Le sous-préfet des Andelys arrivant, nous partîmes vers la Rouge-Mare. Bien que la nuit tombât, la route était facile à retrouver dans la forêt. Pendant qu'un groupe de gendarmes battait les environs, je regardai.

« Puis ce furent les honneurs rendus à mes compagnons, que l'on avait transportés dans une ferme avoisinante, ainsi que le Boche. Ce dernier était un pionnier; la mâchoire, fracassée sur la droite, tenait encore un bout de cigarette entre les dents[1]. On coucha mes camarades dans une voiture. Les gendarmes étaient repartis battre les environs. Je suivis la voiture en compagnie du sous-préfet... Triste retour... »

[1] Je n'ai rien changé au récit que M. Noirel m'a fait en 1916, mais je dois ajouter qu'au témoignage de M. Louis Quevillon-Eustache, qui a mis le cadavre dans une voiture de ferme, pour le transporter, la balle était entrée par la tempe gauche et était ressortie par la tempe droite.

LA QUATRIÈME VICTIME

La fusillade avait fait quatre victimes. Les trois gendarmes qui marchaient en éventail ou en tirailleurs s'étaient abattus à 33 et 44 mètres les uns des autres, la face en avant et la tête tournée vers l'ennemi.

M. Blacher qui était aussi entré sous bois par curiosité et se tenait à une cinquantaine de mètres en arrière des quatre tirailleurs s'enfuit dès les premiers coups de feu. Une balle l'atteignit dans le dos, et le traversa de part en part en lui perforant l'estomac et le foie.

Quelques instants après le feu de peloton, M. et Mme Bénard, débitants, qui habitent à l'entrée du hameau de la Rouge-Mare à une centaine de mètres de l'endroit où était arrêtée l'automobile, virent entrer dans leur cour, le long du chemin vicinal, un jeune homme tout pâle et marchant courbé. C'était Fernand Blacher.

Mme Bénard le fit asseoir sur une chaise. En voyant le sang qui coulait de sa blessure, le malheureux jeune homme dit faiblement : « Je suis perdu, je suis traversé. » Non seulement le sang coulait de sa blessure, mais l'estomac rempli des aliments du déjeuner se vidait par la plaie.

Mme Bénard appliqua au blessé un pansement provisoire en attendant l'arrivée de M. le docteur Pillouard, médecin à Mainneville. Les souffrances augmentaient de minute en minute et devenaient intolérables.

— Achevez-moi, répétait le martyr.

Vers 7 heures du soir, le blessé fut placé dans une voiture de M. Marais, cultivateur à la ferme des Vers, commune de Neufmarché. La voiture fit le trajet au pas jusqu'à Gournay. Fernand Blacher avait voulu être ramené chez sa sœur. Il reçut les derniers soins de son médecin habituel, le docteur Duchesne, maire de Gournay. Il mourut à 11 heures 1/2 du soir en pleine connaissance.

Sa mère, Mme veuve Blacher, propriétaire à Talmontiers m'écrivit :

« Mon fils est mort avec un courage et une résignation admirables, en pleine connaissance, recommandant à sa sœur de me consoler, car il savait quelle douleur serait la mienne.

« Ses dernières paroles ont été : « Vive la France ! Adieu maman ! »

« Je n'ai même pas eu la consolation d'assister à ses derniers moments ; il était interdit de circuler sur les routes en auto. »

LA FUITE DES ALLEMANDS

Les Allemands, maîtres de la place au milieu d'une population sans armes, ne pouvaient cependant remporter une victoire définitive qu'en gagnant le large au plus vite, c'est-à-dire en s'enfuyant. Les quarante coups de fusil qu'ils avaient tirés ne les avaient sauvés que pour peu de temps.

Ils sortirent leurs deux automobiles hors du rideau de feuillage, ils frôlèrent en tournant le cadavre de leur sentinelle, qu'ils abandonnaient dans la futaie, et remontant en voiture, ils se lancèrent sur le chemin forestier qui aboutit au chemin vicinal. Contre-temps : l'auto-camion chargé de plusieurs centaines de kilogrammes d'explosifs est lourd ; il s'enfonce dans le sol mou à une cinquantaine de mètres de la Fosse. Les soldats poussent les autos pour les sortir de l'ornière[1].

Les deux voitures sorties du mauvais pas s'engagent sur la route de Mainneville en faisant, par le Camp-Adam, un grand crochet qui leur évite de traverser le hameau de la Rouge-Mare et le village de Martagny où la fusillade a jeté l'alarme.

La limousine est en avant; le capitaine tenant sa carte en main y est seul à côté du conducteur. Les soldats sont dans l'auto-camion que recouvre une bâche. Les fuyards descendent vers le sud; ils tournent à l'angle de la gendarmerie de Mainneville qui est déserte, le brigadier n'y étant pas encore revenu; ils débouchent sur le chemin de grande communication n° 14, puis ils s'engagent dans la vieille route de Sancourt. Inquiet de son chemin, le chef hésite, ralentit et apercevant Mme Brouard, mère, qui se trouve à sa porte et de son côté, il lui crie brièvement : « Sancourt! Sancourt! » Le renseignement aussitôt donné, les voitures reculent, reprennent la route nouvelle et repartent avec la même rapidité[2].

Au tournant du château d'Heudicourt, trois routes se présentent : « Étrépagny! Étrépagny! » demande le chef à l'un des principaux habitants du pays; celui-ci indique la route et croyant avoir renseigné des Anglais il ajoute :

[1] Les renseignements qui concernent la fuite des Allemands sont empruntés à une intéressante brochure de M. l'abbé Thorel, curé de Mainneville, *Parcelles d'histoire locale, Mainneville et la guerre* (Evreux impr. de l'Eure 1915). Dans cette brochure de 48 pages, M. l'abbé Thorel publie non seulement un récit de l'affaire de Martagny, mais encore des notes sur la vie de Mainneville pendant les premières semaines de guerre, etc.

[2] *Ibid.*, page 17.

« Bon voyage ! hip ! hip ! hurrah ! »

Les deux automobiles traversent Étrépagny par la grande rue ; le marché bat son plein. Entre Étrépagny et le Thil, un pneu crève, tous les soldats descendent, fusil en main, et s'asseoient avec toutes les apparences de la tranquillité sur les banquettes des deux côtés de la route, en attendant la fin de la réparation. Un homme d'une commune voisine entre en conversation, croyant s'adresser à des Anglais :

— Vous avez une panne ?

Le mécanicien répète :

— Panne, panne !...

Il ajoute en montrant l'enveloppe éclatée :

— Malate, malate.

— Vous êtes des Anglais ?

— Yes, yes.

Les deux autos repartent. Où vont-elles se cacher de nouveau en attendant la nuit ? Probablement dans une autre partie de la forêt de Lyons du côté de Ménesqueville ou dans les bois qui dominent la rive gauche de l'Andelle, du côté de Grainville et Douville-sur-Andelle. On les reverra le soir même dans la boucle de la Seine entre Pont-de-l'Arche et Oissel.

L'ALARME

L'alarme avait été grande dans le hameau de la Rouge-Mare après la fusillade et au passage de l'auto jaune emportant M. Noiret vers Mainneville. On en aura une preuve par le refus d'une habitante, Mme Brument, femme d'un mobilisé, de recevoir M. Noiret[1] pendant quelques

[1] Mme Brument habite à côté du débit de tabac Quevillon-Eustache, à 50 mètres du café Bénard où se réfugia M. Blacher.

instants et de lui prêter des vêtements. Affolement compréhensible ! Les Allemands étaient-ils nombreux ? D'où venaient-ils ? Où allaient-ils ? Se trouvait-on en présence d'une colonne ennemie, d'une bande de pillards ?

Au moment où éclata le feu de peloton qui n'avait pas duré une minute, le brigadier de Mainneville et ses trois gendarmes étaient à 150 mètres du calvaire de la Rouge-Mare. Ils continuèrent leur chemin à pied tenant leurs bicyclettes à la main et se dirigèrent dans la direction de la fusillade, c'est-à-dire vers le hameau.

En arrivant à l'entrée de la Rouge-Mare, ils rencontrèrent l'auto jaune que conduisait René Allée et dans laquelle était M. Noiret. Celui-ci était encore armé de sa carabine de gendarmerie qui ne fonctionnait plus. Il mit rapidement les gendarmes au courant du drame et leur dit que les Allemands dissimulés étaient au moins une quinzaine, qu'en tout cas, ils étaient nombreux.

Le brigadier ordonna à ses trois gendarmes de se déployer en tirailleurs et de marcher vers le centre du hameau. Mais tout en marchant le brigadier songea que ses collègues, à l'heure actuelle, devaient avoir succombé, qu'il ne pouvait rien faire que tomber dans un second guet-apens.

Quelques jours auparavant, les brigades de gendarmerie de l'Eure avaient reçu de leurs chefs l'ordre de ne pas combattre les troupes, leur effectif ne permettant pas de soutenir un choc sérieux. Le brigadier jugea qu'en présence de forces très supérieures, la prudence commandait de ne pas exposer inutilement la vie de ses hommes et celle du garde civil, Noiret. Il leur ordonna de se replier sur la ferme des Bilbabeux, à 1.700 mètres au sud du lieu du drame, à mi-chemin entre la Rouge-

Mare et le village de Mesnil-sous-Vienne. La ferme est sur le bord du plateau qui domine la vallée de la Lévrière. Ayant la vallée à leur gauche, les gendarmes avaient, devant eux, la lisière de la forêt de l'autre côté des hameaux du Bord-du-Bois, des Simons et de Rouge-Mare. Après avoir posté ses hommes, le brigadier retourna à Mainneville dans l'auto que conduisait Allée et il téléphona à son commandant d'arrondissement aux Andelys. Celui-ci prévint aussitôt le commandant de gendarmerie à Évreux. La nouvelle transmise au préfet de l'Eure, au général commandant la 3e région provoqua certaines mesures de précaution : les gendarmeries, les postes de gardes-voies furent prévenus, les sentinelles furent doublées. Le signalement des autos qui avaient passé à Etrépagny et que l'on crut montées par des Allemands revêtus de l'uniforme français fut envoyé dans toutes les directions.

Des patrouilles de gendarmerie furent envoyées sur les routes principales et sur les deux routes nationales de Paris à Rouen, l'une qui traverse le plateau du Vexin, l'autre qui suit la vallée de la Seine.

DANS LA FORÊT DE LYONS

Les habitants de la Rouge-Mare et des Flamants avaient vite appris que les deux autos allemandes et leurs occupants s'étaient enfuis par le Camp-Adam, les abords de Bouchevilliers et qu'elles descendaient vers Mainneville. Ils se risquèrent sous bois et trouvèrent les cadavres des trois gendarmes étendus sur une ligne droite parallèle à la « ligne » forestière, c'est-à-dire au chemin de débardage traversant la Fieffe (voir le plan annexé à cette brochure).

Le gendarme Praëts était tombé à 64 mètres de la Fosse, juste sur la ligne droite fictive partie de l'auto française et aboutissant à la Fosse. Cette ligne fictive est voisine du sentier de la Fieffe qui, partant de l'extrémité nord de la Rouge-Mare, traverse la futaie et aboutit à la ferme de la Fieffe.

Le chef Crosnier était tombé à 33 mètres de Praëts sur la gauche de celui-ci et à une distance de 55 mètres de la Fosse.

Le gendarme Lebas était à 44 mètres de Praëts, à la droite de celui-ci et à une distance de 80 mètres du repaire allemand. Praëts était donc entre les deux autres victimes.

Enfin, le pionnier ennemi abattu par les carabines de gendarmerie, le premier Allemand qui fût mort en armes sur notre sol normand depuis la guerre de 1870, gisait à une quinzaine de mètres de la Fosse devant les feuillages rapportés qui masquaient l'excavation et coupaient « la ligne verte », le chemin forestier.

Du point où l'auto française avait déposé les gendarmes jusqu'au point où Praëts était tombé, il y avait 200 mètres; cette distance avait été franchie très rapidement : « Nous courrions, dit M. Noiret, vers l'endroit où le Boche venait de disparaître... Les balles sifflaient, nous avancions toujours. » Ces 200 mètres parcourus d'abord au pas accéléré, puis au pas de course durent être franchis en une minute ou une minute et demie; on juge si la tragédie fut brève.

Le maréchal des logis chef était tombé sur le ventre, la tête tournée vers la Fosse[1]. Sur sa tunique ensan-

[1] M. Duforestel, maire de Martagny, que j'ai consulté en juillet 1916, m'a dit que les gendarmes étaient tombés dans le sens de leur course.

glantée, tout à côté de l'orifice des balles on remarquait sa médaille militaire. Une balle avait traversé, à 1m,50 au-dessus du sol, le tronc d'un gros hêtre de 35 centimètres de diamètre près duquel il était tombé ; le tronc était transpercé de part en part dans le sens du diamètre. Le revolver était aux côtés du corps. Le barillet chargé de six cartouches en contenait encore trois. On put remarquer trois éraflures de balles de revolver sur un arbre distant de 10 mètres environ ; les éraflures étaient bien à hauteur d'homme et à distances égales : quelques millimètres seulement. La main du chef Crosnier n'avait pas tremblé.

Lorsque les corps eurent été rapportés à Gournay, M. le docteur Duchesne, maire de la ville, fit les constatations. Le maréchal des logis chef avait été tué de trois balles au cœur ; il avait été foudroyé.

Le gendarme Praëts, l'engagé volontaire de 61 ans, bien reconnaissable à ses cheveux blancs, était tombé légèrement en arrière des deux autres victimes. Il portait la trace de trois blessures dont une près du cœur. Sa mort n'avait pas été instantanée, car il avait les mains crispées, les cheveux et la moustache hérissés, la face contorsionnée, les bras et les jambes repliés ; de plus il était couché sur le côté.

Le chargeur de sa carabine était vide ; il avait donc tiré les trois cartouches du chargeur, plus la cartouche qui devait être dans le canon, car au témoignage de M. Masse, le seul gendarme survivant de la brigade de Gournay, les carabines étaient chargées à quatre cartouches au départ des expéditions et patrouilles.

c'est-à-dire la tête vers la Fosse. M. Louis Quevillon-Eustache, débitant de tabac, à la Rouge-Mare, affirme que les morts étaient en travers derrière les arbres qui les abritaient.

Le gendarme Praëts avait une tunique et un képi de gendarme; il portait un pantalon de coutil rayé blanc et bleu.

Le gendarme Lebas avait reçu plusieurs projectiles; le docteur Duchesne croit que le cœur avait été traversé de deux balles; comme pour son chef la mort avait été instantanée.

Le chargeur de sa carabine ne contenait plus qu'une cartouche; il est donc certain qu'il en avait tiré deux au moins, et à peu près certain qu'il avait tiré trois fois. Il était en tenue militaire comme le maréchal des logis chef.

Derrière le corps de M. Praëts, dans la direction de MM. Blacher et Noiret qui s'enfuyaient, une balle avait traversé un gros hêtre de 1^{m},10 de circonférence; les orifices d'entrée et de sortie formaient les deux extrémités du diamètre.

Dans la direction du gendarme Lebas, d'autres arbres avaient été transpercés ou entaillés.

Deux balles avaient traversé le chemin vicinal à quelques mètres de l'auto que M. Allée gardait. L'une avait frappé, en bordure du chemin vicinal, le pignon d'une maison appartenant à Mme veuve Quevillon Juste et elle avait ricoché sur un silex sans pénétrer. L'autre avait traversé le mur en bauge d'une maison appartenant à M. Pierre Bénard; c'est la première construction du hameau de la Rouge-Mare tout près de la maison Quevillon Juste. Les deux constructions sont à 300 mètres de la Fosse.

Pour sortir de la forêt et déboucher sur le chemin vicinal, les autos allemandes avaient fait un trajet de 315 mètres.

L'Allemand tué par les gendarmes ou par M. Noiret était tombé sur son fusil dont l'extrémité était à hauteur de sa blessure, de sorte que des filets de sang et de matière cérébrale avaient coulé dans le canon et sur la baïonnette à dents de scie. Sa cartouchière et sa musette contenaient 200 cartouches. Son fusil était encore chargé [1].

Son corps fut soulevé par M. Ignace Buquet, journalier chez M. Varin, aujourd'hui mobilisé, sur le front, ce qui permit d'apercevoir l'entrée et la sortie de la balle ayant traversé les deux temporaux [2]. Les habitants se partagèrent les boutons de cuivre et s'approprièrent le calot à bande rouge.

Le maire de Martagny fit transporter les corps à la ferme de la Fieffe, qui est sur le territoire de Neufmarché, les gendarmes étant tombés dans leur circonscription, à 200 mètres de la limite de l'Eure. Quand le sous-préfet des Andelys eut salué la dépouille des braves frappés par les balles allemandes, les cadavres furent transportés à la gendarmerie de Gournay.

L'ALLEMAND TUÉ

Le pionnier allemand fut enterré à Neufmarché. C'était un homme blond, mince, de moyenne taille, $1^{m},65$ environ, ayant une petite moustache blonde. D'après ses papiers, on sut qu'il était né à Berlin, âgé de vingt et un ans,

[1] Le fusil fut transporté à Rouen ; il a été longtemps dans le bureau du capitaine trésorier de la 3e Légion de gendarmerie.

[2] M. Quevillon-Eustache, débitant à la Rouge-Mare, qui arriva l'un des premiers sur les lieux du drame remarqua que les deux tempes étaient traversées. M. l'abbé Thorel, curé de Mainneville écrit : « La sentinelle avait été tuée d'une balle en plein front ; des filets... de matière cérébrale avaient coulé dans le canon de son fusil ». M. Quevillon-Eustache affirme que M. le curé de Mainneville se trompe comme M. Noiret.

marié et catholique. Dans son portefeuille, il avait placé le portrait de sa femme et une lettre qu'il avait reçue d'elle treize jours auparavant. Avec son livret était son livre de prières. Son porte-monnaie renfermait un sou et sept médailles de piété dont la médaille miraculeuse, les médailles de Notre-Dame-de-Lorette, de saint Martin-de-Tours et de saint Druon. On découvrit aussi une vingtaine de francs cousus dans sa chemise de flanelle[1].

La lettre trouvée dans le portefeuille a été conservée par un collectionneur, M. le docteur Pillouard, médecin à Mainneville; l'annotation « 3, 4/9-1914 » de la main du destinataire est écrite au crayon dans l'angle supérieur, au-dessus de la suscription de la jeune femme : « Berlin le 21/8-1914 »; cette annotation indique la date de réception.

La lettre signée Frieda, est écrite d'une main ferme et exercée. Le papier grand in-8° plié en huit a été mouillé dans un angle du pli par un liquide séreux, semble-t-il, de sorte que les quatre pages étant dépliées sont imprégnées au milieu et sur les côtés. Ces taches d'un jaune légèrement rougeâtre, paraissent être l'empreinte, le cachet de la mort qui sépara pour toujours deux êtres jeunes et amoureux.

Cette lettre, remplie d'effusions sentimentales, de regrets, de craintes, n'offre pas d'intérêt spécial. Depuis deux ans, des millions de lettres semblables se sont échangées dans l'Europe entière. La douleur n'a pas de patrie, l'amour n'a pas de frontières et leur langage est le même dans tous les dialectes.

[1] M. l'abbé Thorel, *ibid.*, p. 16.

La signataire « Frieda » aurait pu exprimer les mêmes sentiments dans n'importe quelle langue ; c'est la femme et non pas l'Allemande qui écrit. Aucune allusion à l'état d'esprit de la nation allemande, pas de récriminations contre ceux qui déchaînèrent la guerre. La résignation se traduit par le silence, tout au moins dans cette lettre qui suivait plusieurs cartes. Une certaine dose de naïveté se manifeste dans cette Gretchen amoureuse qui, au moment où les armées allemandes s'avancent sur le territoire étranger, demande et redemande si elle pourra rejoindre son « chéri ».

La lettre débute ainsi :

Berlin, le 21 août 1914.

Mon cher Éric,

D'abord je t'envoie les saluts les plus cordiaux. J'ai reçu tes chères cartes et tes chères lettres. Réellement je me réjouis que tu m'écrives aussi souvent. Mon chéri, je t'ai écrit presque tous les jours rien que des cartes car je pensais que les lettres n'arrivaient pas. N'as-tu rien reçu ? Autrement, chéri, comment cela va-t-il ? Es-tu encore aussi bien portant et gai ? Mon cher Éric, avant tout, préviens-moi de suite s'il t'arrivait quelque chose ; mon chéri j'espère que non, je ne fais que supposer.

« En même temps écris-moi aussi où tu te trouves et si je puis m'y rendre. Aussitôt ensuite, je m'efforcerai d'y aller. Donc, chéri, écris-moi de suite et aussitôt après je viendrai. »

Suivent des effusions telles que celle-ci sur les dangers qui menacent l'absent :

« A quoi bon vivre sans toi ! Jamais, au grand jamais, je ne pourrais supporter cela ; la pensée seule me met dans la tombe. »

Plus loin, elle parle de sa propre famille :

« Mes sœurs se sont fait faire des broches avec les photos de leurs maris et je ne le puis, moi, parce que je n'ai pas ta photographie.

Je vais aller de suite chez ta mère, ton frère et ta sœur leur demander si elles possèdent ta photographie ; aussitôt je me ferai faire une jolie broche. Si je ne parviens pas à avoir ta photo, je te sens (dans l'imagination) cependant toujours dans mon voisinage, toujours j'ai devant les yeux ton image aimée. »

Frieda revient sur ses craintes, ses espoirs, sur cette incertitude qui la brise. Elle ajoute :

« Si un jour, je ne recevais plus de cartes, je désespèrerais. Pendant des heures entières je reste assise et me lis tes chères lettres et tes chères cartes, ensuite je remarque combien grand est mon amour pour toi. Et dussions-nous mourir tous deux, mon chéri, la mort ensuite ne nous en réunirait pas moins. »

La lettre ne finit pas sur cette pensée désespérante, mais sur l'évocation d'un retour joyeux.

Cependant c'est la vision de mort et de séparation éternelle qui devait se réaliser. Dix-neuf jours après avoir écrit cette lettre, Frieda était veuve. Elle laissait entendre que si son mari mourait, elle-même le suivrait...

« Chéri, écrivait-elle dans sa lettre, j'ai dans l'esprit que s'il t'arrivait quoi que ce soit, cela même m'adviendrait à moi-même. A quoi bon vivre sans toi ! »

Il n'est pas permis d'insulter la douleur d'une femme, cette femme fût-elle d'une nation couverte de crimes, mais il est bien permis de supposer, philosophiquement, que la sincérité des effusions épistolaires de Frieda n'était pas telle que sa mort ait suivi celle d'Eric.

Dans cette tragédie qui fit quatre victimes françaises, il y eut des épouses, des enfants, des mères qui furent aussi plongés dans la douleur et qui ont survécu. Réservons la plus grande part de notre compassion pour nos compatriotes.

COMMENT LES ALLEMANDS ÉTAIENT-ILS ARRIVÉS ENTRE NEUFMARCHÉ ET MARTAGNY

Après cet événement de la forêt de Lyons qui remua d'autant plus les imaginations que l'on comprenait la gravité du raid allemand pendant la bataille de l'Aisne, on chercha pourquoi les Allemands avaient choisi le repaire de la Fosse au milieu du triage de la Fieffe. On se souvint que le 15 septembre, la veille de l'affaire, un jeune homme à bicyclette, absolument inconnu, parlant français avec accent, sillonna la contrée. A Mainneville, dans la côte de Sancourt, il s'adressa à M. Ch. Delarue et lui demanda s'il y avait encore des soldats dans le pays, combien il en était passé et quelle direction ils avaient prise. Le lendemain, les Allemands étaient chez nous[1]. Était-ce une coïncidence ou la préparation de l'expédition? Avant cette tragédie, les Français voyaient partout des espions; après cette tragédie, les habitants de la région virent partout des « Alboches » (comme on disait alors) si bien qu'une cultivatrice de Morgny, Mme veuve Sauteur-Prévost, folle de terreur, signala un uhlan qui était passé à cheval et qui lui avait parlé sans qu'elle l'ait compris. Ce uhlan était un jeune garçon de seize ans employé chez un entrepositaire d'Étrépagny et ce qui est le plus curieux, c'est que le connaissant, elle ne l'avait pas reconnu.

Les passages d'Allemands n'étaient pas toujours imaginaires. Le dimanche 4 octobre, deux obus allemands furent trouvés sur le talus dominant le chemin de Thilliers-en-Vexin à Authevernes; ils étaient cachés sous

[1] M. l'abbé Thorel, *ibid.* p. 20.

les branches de jeunes sapins au lieu dit la Côte. La route est encaissée entre talus. Les deux obus peints couleur bleu ciel et portant une marque allemande avaient $0^{m},54$ de longueur, calibre 140 millimètres. Leur ceinture de cuivre était vierge. M. Carré remplaçant M. Laplace, hôtelier à Thilliers, avait entendu la nuit précédente, vers minuit ou une heure, une auto passer à vive allure sur la route nationale n° 14 de Paris à Rouen, traversant Thilliers-en-Vexin. Les obus furent gardés sur place quatre jours et trois nuits, en attendant l'arrivée d'un chef artificier du Havre qui les fit exploser.

Quant aux deux autos allemandes que l'on avait très bien vues sortir de la forêt aussitôt après la fusillade, à quelle heure y étaient-elles arrivées? Des ouvriers racontèrent qu'en allant travailler à la machine à battre le 16 septembre vers 4 heures du matin, ils avaient vu deux autos se diriger vers la forêt par le Mont-Rôti. Au carrefour des trois routes, la première auto dont le phare était allumé s'arrêta devant le poteau indicateur. D'autres personnes disent avoir vu les deux autos monter la côte des Flamants à 4 heures ou 4 heures et demie.

Dans la Fosse, que les pionniers allemands avaient occupée pendant une dizaine d'heures, on trouva deux boîtes vides de pâté venant d'Allemagne, deux demi-bouteilles vides ayant contenu, l'une du cidre et l'autre du vin, un bidon à essence de dix litres, vide, et de marque allemande.

LA CAPTURE DES AUTOS ALLEMANDES ENTRE OISSEL ET PONT-DE-L'ARCHE

L'ARRIVÉE DES ALLEMANDS EN VUE D'OISSEL

Les deux automobiles allemandes, la première une forte limousine, la seconde un auto-camion furent prises dans la nuit du 16 au 17 grâce à la vigilance des G. V. C.

Le sergent Leroy, à qui l'on doit leur capture, est un habitant de Léry (Eure). Il a huit enfants. Il est journalier et il a travaillé dans les chantiers de M. Prévost, entrepreneur à Louviers. Nous allons le suivre maintenant dans la capture des dynamiteurs du génie allemand.

Le sergent Leroy, du groupe 5, était à son poste à la gare d'Oissel vers 8 h. 30 du soir quand le brigadier de gendarmerie d'Oissel lui donna connaissance du télégramme officiel : Deux automobiles montées par des officiers allemands revêtus d'uniformes français étaient en circulation dans la région de Gournay-en-Bray. La dépêche ajoutait que trois gendarmes avaient été tués et que les automobiles devaient se diriger vers Écouis ou Étrépagny.

Accompagné du caporal Morancé, le sergent Leroy se rendit aux postes voisins qui se trouvaient de chaque côté du tunnel sous lequel passe la ligne de Paris à Rouen : le poste n° 4 à Tourville-la-Rivière et le poste n° 3 à Sotteville-sous-le-Val ; il avertit les chefs de poste. Il s'en retourna ensuite vers Oissel.

Vers 10 h. 1/2 du soir, le sergent Leroy et le caporal Morancé étaient arrivés au second pont d'Oissel, celui qui aboutit à la gare d'Oissel, quand, en se retournant, ils aperçurent descendant la côte des Authieux vers la Seine (à deux ou trois kilomètres au nord-ouest de Tourville-la-Rivière) une lumière vive paraissant être le phare d'une automobile mais un phare à éclipse, qui s'avancerait par bonds successifs. Derrière cette lumière, on en voyait une autre plus faible, semblable à une lanterne de bicyclette, qui zigzaguait dans l'ombre laissée par la première auto.

Sur le versant nord-ouest de la côte dominant Oissel et la vallée de la Seine, deux lumières à 10 h. 1/2 du soir, cela méritait d'être approfondi.

Le sergent Leroy revint sur ses pas ; il traversa le premier pont et arrivé dans l'île aux Bœufs qui fait face à la ville d'Oissel, il s'arrêta au poste des gardes de vôie, prit un fusil, des cartouches et emmena avec lui trois hommes armés, les soldats Duhamel, Gruel et Moreau.

Pendant ce temps, les lumières avaient fait du chemin. Au poste n° 4 à Tourville-la-Rivière, les gardes-voies les avaient aussi aperçues : une première auto passa à toute vitesse, puis une seconde moins éclairée.

Les sentinelles de Tourville tirèrent.

Les deux autos continuèrent vers les ponts d'Oissel. Le sergent Leroy et ses trois hommes qui étaient à 7 ou 800 mètres du poste de Tourville-la-Rivière ouvrirent le feu à leur tour sur les autos.

Les phares de la première auto et les lanternes de la seconde s'éteignirent aussitôt.

Au bruit des moteurs, les gardes-voies constatèrent que les autos devaient avoir changé de direction et qu'elles se dirigeaient par la ferme du Port-d'Oissel vers Saint-Aubin-lès-Elbeuf en suivant la route qui longe la Seine et passe à Cléon. Arrivées au lieu dit Bedanne, à 2 kilomètres de Port-d'Oissel, toujours sur la rive droite et en s'éloignant par conséquent des ponts d'Oissel, les phares et lanternes des autos furent rallumés.

Prises dans la boucle de la Seine, les autos allemandes devaient pour en sortir traverser Saint-Aubin-lès-Elbeuf et la ville d'Elbeuf sur des ponts gardés ou bien continuer de tourner en rond en suivant la route qui devait les ramener vers Sotteville-sous-le-Val, Igoville et la gare de Pont-de-l'Arche.

Le sergent Leroy, d'accord avec le sergent Arvieux du poste 4 (Tourville-la-Rivière), décida d'attendre les autos dans la seconde moitié de la boucle, car il se doutait bien qu'elles ne se hasarderaient pas à traverser Elbeuf.

Cependant le sergent Leroy courut au poste d'aiguillage à l'embranchement de la ligne de Serquigny pour faire téléphoner à la gare de Saint-Aubin-lès-Elbeuf. Il alla chercher du renfort au poste n° 3 à Sotteville-sous-le-Val, mais le sergent Soulais, chef de poste, resta sceptique et ne croyant pas à toutes ces histoires d'autos et d'Allemands déguisés, il prit le temps de réfléchir et laissa repartir le sergent Leroy sans l'accompagner.

Les sergents Leroy et Arvieux et leurs trois hommes allèrent se poster au lieu dit le Val-Renoult, sur le territoire de Sotteville-sous-le-Val, à la bifurcation de la route qui longe la Seine vers Igoville et de la route qui monte la côte vers Tourville-la-Rivière et les Authieux.

Ils ne tardèrent pas à être rejoints par le sergent Soulais du poste de Sotteville-sous-le-Val dont le scepticisme cédait à la réflexion.

Les six hommes restèrent ainsi en embuscade jusqu'à une heure du matin. Entre temps, le sergent Soulais et deux hommes se détachèrent pour chercher à découvrir l'origine de certaines lumières qu'ils avaient aperçues dans le lointain, dans la direction de la côte de Freneuse.

L'ATTAQUE ; LA CAPTURE DES ALLEMANDS

Vers une heure du matin, plus de doute : les autos allemandes arrêtées sans doute en quelque coin caché se sont décidées à continuer leur route en longeant les rives de la Seine, vers l'amont, ce qui leur fera faire le tour presque complet de la presqu'île. Les deux lumières, la première éclatante, la seconde faible, les signalent de loin à la vigilance des gardes-voies.

Les rôles sont distribués, le sergent Soulais fera les sommations et criera : « Qui vive ! halte ! » Les deux autres sergents et les trois hommes couchés sur le talus au bord de la route tireront sur les autos.

Les lumières approchent rapidement : les sommations sont sans effet ; les voitures passent. Mais au passage elles sont saluées par cinq coups de fusil ; puis les gardes-voies se relevant les poursuivent, tirant encore.

Un peu plus loin, deux coups de feu se font entendre ; ils ont été tirés par deux gardes-voies, les soldats Fouché et Cheval, du poste de Sotteville-sous-le-Val, qui ayant terminé la faction règlementaire étaient venus s'embusquer à une cinquantaine de mètres de la première embuscade.

Malgré les coups de fusil, les autos continuent leur route. Une circonstance fortuite va faire tomber la première, une forte limousine, aux mains des courageux territoriaux.

Par suite de la vitesse, cette limousine n'a pu tourner assez court pour passer à angle droit sous la première arche du viaduc de la voie ferrée Paris-Rouen ; elle quitte la route et s'engage sous la seconde arche en écornant la pile en briques au passage. La sentinelle Huguet n'a que le temps de sauter de côté pour ne pas être écrasée.

La voiture ne va pas loin ; elle s'engage dans la prairie et s'enlize à trente mètres du bord de la route.

Le conducteur fait machine arrière, mais il vient buter contre un petit talus de 40 centimètres de hauteur qui l'arrête.

La deuxième voiture, bien que faiblement éclairée, suit la bonne direction, passe sous la première arche et disparaît dans la nuit noire.

Le soldat Huguet, voyant les Allemands immobilisés, avertit ses camarades accourus. Ceux-ci se masquent derrière les piliers du viaduc pour ne pas être fusillés comme les trois gendarmes de Gournay.

Un homme est descendu de l'auto, car une silhouette se détache sur le fond noir. Une voix crie en français : « Officier allemand... blessé... se rend prisonnier. »

Un instant après, les hommes du poste de Sotteville-sous-le-Val attirés par la fusillade accourent avec des lanternes dont ils projettent la lumière sur l'auto.

Le sergent Leroy qui, par son esprit de décision et son courage, est devenu le chef de tous les territoriaux présents, fait mettre baïonnette au canon. Les quinze à vingt hommes présents foncent sur la voiture.

Les sergents Leroy et Soulais saisissent l'officier par les bras et le désarment. Il leur remet un révolver browning à huit coups.

Cinq hommes portant l'uniforme du génie allemand sortent de l'auto sans essayer de résistance. Ils sont désarmés.

Les six prisonniers sont conduits au poste n° 3 (Sotteville-sous-le-Val) ; ils sont fouillés par les sergents Leroy et Soulais. On s'aperçoit alors que l'officier est blessé au bras et à la cuisse.

Dans l'auto, les territoriaux trouvent trois fusils allemands ainsi que des cartouches, objets d'équipement, havre-sacs, bidons, des cartes, etc.

Sous bonne garde, les prisonniers sont amenés à la gare d'Oissel et enfermés dans la salle d'attente des premières où ils sont fouillés de nouveau. Le brigadier de gendarmerie d'Oissel est averti.

Pendant ce temps, les gardes-voies des postes de Sotteville-sous-le-Val et Tourville-la-Rivière avaient découvert la seconde auto.

CAPTURE DE LA SECONDE AUTO

Ainsi qu'on le sut par la suite, la seconde auto était pilotée par un sous-officier du génie. Ayant passé sans encombre sous le viaduc du chemin de fer elle avait fait un kilomètre et avait stoppé près du calvaire, sur la route de Sotteville-sous-le-Val à Igoville. Les Allemands valides qui s'y trouvaient s'étaient enfuis dans la campagne.

Le camion-auto découvert par les gardes-voies était recouvert d'une bâche. Il transportait des caisses contenant plusieurs centaines de kilos d'explosifs et en outre des piles, du cordon Bickford, des fils électriques, etc. ; de quoi faire sauter plusieurs ponts.

On entend des râles ; il y a quelqu'un dans la voiture ; les hommes du poste n° 2 constatent que la bâche recouvre un blessé. On téléphone à Oissel.

Le sergent Leroy, le brigadier de gendarmerie, le caporal Morancé et une dizaine de gardes-voies arrivent d'Oissel et l'auto-camion est examiné. Le sergent Leroy écartant deux fusils qui dépassaient l'avant de la voiture soulève la bâche et aperçoit un Allemand grièvement blessé à la gorge et couché sur les caisses.

Un cheval est réquisitionné : l'auto tirée par le cheval et contenant le blessé est conduite à la gare d'Oissel où elle arrive vers 4 heures du matin.

L'officier commandant l'expédition et le soldat blessé reçoivent les soins du docteur Cottoni, d'Oissel. Ils sont ensuite transférés à Rouen.

Il restait à découvrir les Allemands de la seconde voiture.

Dès le petit jour, des patrouilles furent faites par les gardes-voies et les gendarmes. Ces derniers étaient arrivés à pied, à cheval, en auto, de toutes les directions. Le sous-officier qui conduisait l'auto-camion fut découvert dans la matinée du 17 septembre au cours d'une battue dans le parc de M. Nibelle, à Tourville-la-Rivière. Les gendarmes craignant le sort de leurs collègues de Gournay tirèrent sur lui pour le mettre hors d'état de nuire. Il fut assez sérieusement blessé.

Dans la matinée du 17 septembre, les Allemands gardés

à Oissel furent interrogés par le capitaine Harel qui venait de faire une rapide enquête sur place. Le soldat Lévy, du 74e de ligne, servit d'interprète.

Les Allemands n'ayant pas revêtu d'uniformes français furent considérés comme prisonniers de guerre à la suite de l'enquête ouverte à Rouen où ils avaient été transférés.

On demanda au capitaine allemand quels ponts il voulait faire sauter :

— Le plus de ponts que j'aurais pu, répondit-il évasivement.

La carte routière saisie sur lui portait un trait rouge indiquant la route suivie : Gournay, Martagny, Etrépagny, Ecouis, Fleury, Pîtres et Alizay. Ces deux dernières communes sont à deux kilomètres du pont du Manoir sur la voie ferrée Paris-Rouen.

Dans la nuit du 21 au 22 septembre, deux soldats allemands qui avaient abandonné l'auto-camion vinrent à Saint-Aubin-lès-Elbeuf et furent amenés au poste de la garde civile par M. Dorival, garde-civil. Ils mouraient de faim et avaient dans leurs poches des morceaux de betteraves crues.

LE BUT DES ALLEMANDS

Quel était le chef de l'expédition ? La presse annonça quelques mois plus tard que son nom n'est pas inconnu de nos horticulteurs normands. Il s'appelle Benary ; il est le fils d'un des associés de la célèbre firme d'Erfurt, John Benary dont un oncle, Fritz Benary, était colonel de uhlans à Meaux. L'autre, trop âgé pour être mobilisé, est une figure bien connue de nos Congrès internationaux, Ernest Benary qui, en maintes circonstances, y prit la parole pour célébrer « la cordiale hospitalité de la noble France ».

Deux ponts sur la Seine devaient être particulièrement visés par l'expédition Benary : le pont du Manoir, long de plus de 200 mètres, entre Pont-de-l'Arche et Saint-Pierre-du-Vauvray et les deux ponts d'Oissel ayant de 100 à 150 mètres. Tous trois avaient été reconstruits en 1893 et 1894 en acier. Ils ont la forme de longs parallélipipèdes posés sur les culées et les piles ; ils sont constitués aux quatre arêtes par quatre poutres longitudinales que réunissent de multiples croisillons. Les trois travées du pont du Manoir ont chacune 70 à 80 mètres de longueur entre piles et culées. L'explosif n'aurait pu couper qu'une travée, ce qui est l'avantage des travées droites sur les arches elliptiques ; une arche en tombant entraîne la chute des autres, c'est ce qui se produisit lorsque les Français firent sauter le pont d'Andé le 6 décembre 1870, et lorsque le choc d'une péniche amena la chute totale des trois arches du pont de Saint-Pierre-du-Vauvray le 7 février 1913.

Lors même qu'une seule travée du pont du Manoir ou d'un des ponts d'Oissel eût été coupée, on juge du désarroi causé dans le mouvement des trains et de la difficulté pour reconstruire rapidement une travée en charpente de 70 à 80 mètres de longueur.

LES VICTIMES ; LES RÉCOMPENSES

Après la tragédie de la forêt de Lyons, les corps des trois gendarmes avaient été transportés à la caserne de gendarmerie de Gournay-en-Bray. Fernand Blacher était venu mourir chez sa sœur dans la même ville.

Les obsèques des quatre victimes eurent lieu aux frais de la ville de Gournay.

Le cortège funèbre parti de l'église Saint-Hildevert après la cérémonie religieuse s'arrêta devant l'hôtel de ville où cinq discours furent prononcés.

M. Hamond, sous-préfet de Neufchâtel, parla le premier et excusa M. Brelet, préfet de la Seine-Inférieure, qui accompagnait au Havre M. Thomson, ministre du Commerce[1].

Il loua l'activité de la brigade de Gournay :

« Tous les jours et même deux fois par jour, la brigade de gendarmerie de Gournay faisait une randonnée en automobile jusque dans les départements voisins, Songeons, Grandvilliers, Beauvais et même au delà. La vue de nos braves gendarmes rassurait les habitants qui, dépourvus de tous moyens de communication et de protection, s'attendaient à chaque instant à voir s'abattre sur eux les terribles oiseaux de proie que sont nos redoutables ennemis.

« ... Ils ont rendu bien d'autres services encore nos gendarmes de Gournay : ils ont, notamment, fait évacuer les approvisionnements des cantons voisins et protégé le ravitaillement du centre de Grandvilliers.

« Mais à affronter ainsi le danger on s'y habitue et on ne le craint plus assez... »

M. le docteur Duchesne, maire de Gournay, qui n'avait connu le chef Crosnier et ses gendarmes que depuis la mobilisation, pendant un mois et demi, les avait vus cependant à l'œuvre en un temps où les gendarmes devaient se montrer. Il loua le chef Crosnier « fonc-

[1] M. Thomson, venant de Paris par Evreux, arriva à Rouen le 17 septembre vers onze heures du soir. Son automobile fut arrêtée à Louviers par le poste de la garde municipale.

— Des Allemands sont cachés dans la forêt de Pont-de-l'Arche, dit un garde municipal au ministre.

— Je sais, répondit le ministre, je viens de voir le préfet de l'Eure.

tionnaire aimable par essence, empressé, serviable et toujours conciliant ».

« Compatissant, dit-il, vous l'étiez même envers l'ennemi, qui, hélas ! ne vous paya point de retour; je n'ai point oublié votre cri de pitié à l'égard des prisonniers, hâves et exténués, qu'une patrouille des nôtres avait ramenés à la gendarmerie [1] »

Suivait la louange du gendarme Lebas, dont la belle santé, la bonne humeur, la jovialité trahissaient la joie de vivre; la louange du gendarme Praëts, volontaire de soixante et un ans, aux cheveux blancs, au regard énergique, mâle figure sabrée de l'épaisse moustache; ses collègues l'appelaient familièrement « le père Praëts ».

Le colonel Bolotte, commandant la 3e Légion de gendarmerie, fit ressortir l'importance du sacrifice :

« C'est grâce à l'action accomplie par le maréchal des logis chef Crosnier, les gendarmes Praëts et Lebas qu'un événement très gros de conséquences pour notre cher pays, ne s'est pas produit. »

M. Boiry, sous-préfet des Andelys, évoqua le sentiment de douleur inexprimable qu'il ressentit « lorsque, à la fin du jour, dans le silence de la forêt sombre,

[1] Aux éloges officiels envers le chef Crosnier, j'ajouterai les regrets exprimés par le gendarme Masse, le seul survivant de la brigade : il m'écrit :

« Avec un tel chef, rien d'impossible ; il nous aurait fait traverser l'eau et le feu ; on l'aimait pour sa bonté, pour sa justice, pour son bon cœur. »

Et pourtant le chef de brigade et son subordonné ne partageaient pas les mêmes sentiments envers les prisonniers allemands. M. Masse qui avait dû quitter sa famille et sa ferme entre Lens et La Bassée, au début de l'invasion allemande, détestait les Boches par tempérament et par raison personnelle. Un peu avant l'affaire du 16 septembre, dix Allemands prisonniers avaient été amenés à la gendarmerie. M. Masse s'empressa de leur faire faire les corvées et le nettoyage de la cour.

Le chef Crosnier lui dit avec un bon sourire :

— Il vous en faudrait une dizaine comme ça dans votre ferme, Masse, vous les feriez joliment pivoter.

escorté des gendarmes de son arrondissement, il vint se recueillir à la place encore fraîche où les héros s'étaient écroulés quelques heures plus tôt ».

Il dit n'oublier jamais sa marche dans la nuit, vers la ferme où l'on avait déposé les victimes et se souvenir toujours du calme de leur visage, *de ce calme dans lequel on s'endort à l'heure où la tâche est finie.*

Le gendarme Praëts fut inhumé au cimetière de Gournay. Les corps de MM. Crosnier et Lebas furent conduits jusqu'à la gare, car leurs familles emmenaient les corps.

L'après-midi, M. Blacher fut inhumé dans le cimetière de Bouchevilliers petite commune de 84 habitants, voisine de Martagny, dans le canton de Gisors. Originaire de Bouchevilliers, le jeune homme tombé sous les balles allemandes venait prématurément y reposer en paix quoique son état maladif l'eût écarté des champs de bataille.

Au Havre, M. Morgand, maire, fit part au conseil municipal, au cours de la première séance, de la mort glorieuse du maréchal des logis chef Crosnier.

Dans les premiers mois qui précédèrent la guerre, M. Crosnier, retraité, était devenu gérant de l'établissement municipal des bains-douches au Havre. Le conseil décida que son traitement serait maintenu jusqu'à la fin des hostilités à sa veuve et à sa jeune fille âgée de dix-neuf ans.

Le sergent Alphonse Leroy, promu adjudant, reçut la médaille militaire le 13 mars 1915. Le *Journal officiel* du 1er mars 1915 publiait les motifs de cette distinction :

« Le 16 septembre 1914 a, par son activité et son intelligence, amené la capture de deux automobiles dans lesquelles avaient pris place des militaires allemands, munis d'explosifs et d'outils de pionniers et chargés de faire sauter tous les ponts des environs de Rouen. »

Mme Delacour Octavie (de Martagny) reçut également, en mars 1915, une lettre de félicitations de M. le préfet de l'Eure et une gratification de cent francs pour avoir signalé les soldats allemands dans la forêt de Lyons. Une seconde gratification de cent francs lui fut donnée en 1916.

C'était bien insuffisant. Sur la proposition du préfet de l'Eure, le ministre a décidé en septembre 1916 de lui donner un bureau de tabac[1].

Au cours de la séance publique du 16 décembre 1915, l'Académie des Sciences, Arts et Belles-Lettres de Rouen, sur un rapport du docteur Jude Hue, partagea le prix Dumanoir entre les auteurs morts ou vivants de la capture des Allemands :

Mme Delacour, le maréchal des logis Crosnier (47 ans); les gendarmes Praëts (61 ans) ; Lebas (41 ans), tous trois retraités et ayant repris du service, et tués à l'ennemi ; l'adjudant Leroy, 22e territorial, chef de poste au Val-Renoult ; le sergent Christ, le caporal Ducastel, le gendarme Esclasse, d'Oissel; MM. Blacher et Noiret, le maréchal des logis Dubos, et le brigadier Dufour.

Le maréchal des logis chef Crosnier, fut cité à l'ordre du jour du corps d'armée. Le 31 août 1915, le contre-

[1] Mme Delacour est très fière du grand service qu'elle a rendu à la France.

Le 9 juillet 1916, j'étais allé l'interroger et elle m'avait conduit dans la forêt à l'endroit de sa rencontre avec la sentinelle teutonne. Elle avait été plusieurs mois sans oser y retourner, tellement son impression était restée vive et pénible.

Elle me dit textuellement, en parlant des coupeurs de ponts :

— Si je ne les avais pas signalés, nous serions prussiens aujourd'hui.

amiral Biard, au cours d'une cérémonie publique au Havre, remit à Mme veuve Crosnier la croix de guerre avec étoile de vermeil méritée par son mari. La croix de guerre venait d'être créée ; la famille du brave sous-officier Crosnier était l'une des premières à recevoir cette décoration attribuée aux morts comme aux vivants.

Nul ne peut prévoir les événements qui termineront la guerre, mais tout fait croire que le sang de nos compatriotes ne rougira plus le sol de la Normandie. Les fusils allemands ont fait résonner pour la première et dernière fois les échos de nos forêts le 16 septembre 1914.

HOMMAGES COMMÉMORATIFS

Le lendemain du drame, un habitant de la Rouge-Mare grava au couteau les mots : « Prussiens autos, 16 septembre 1914 » sur l'écorce d'un gros hêtre qui s'élève à côté de la Fosse et lui fait un dôme de feuillage haut de 15 ou 20 mètres. Une croix et des initiales, avec la date 16 septembre 1914, furent gravées dans l'écorce du hêtre traversé par une balle derrière lequel était tombé le chef Crosnier. Une croix sur deux autres hêtres marqua de la même façon l'emplacement arrosé du sang des gendarmes Praëts et Lebas. Au bout de deux ans, des bourrelets d'écorce rendent cette gravure indélébile.

De plus, en attendant la pose d'un monument de granit qui marquera l'emplacement du drame, l'inspecteur des eaux et forêts a fait marquer les trois arbres gravés en leur donnant à l'aide de peinture, une ceinture tricolore surmontée, pour le chef Crosnier, de deux ceintures noires et de deux étroites ceintures blanches, et pour chacun des gendarmes d'une seule ceinture noire.

Le samedi 9 septembre 1916, deux ans après l'événement à commémorer, une croix en bois de chêne de quatre mètres de hauteur a été érigée par les soins de l'administration tout près de l'endroit où tomba le gendarme Praëts.

Plus tard, le pieux hommage dû à ceux qui sont morts pour la Patrie provoquera l'érection d'un monument qui bravera les assauts du temps ; ce monument rappellera aux générations oublieuses le sacrifice des quatre hommes que le hasard et le devoir amenèrent sur la route suivie par les dynamiteurs des ponts français.

ÉVREUX, IMPRIMERIE CH. HÉRISSEY

www.ingramcontent.com/pod-product-compliance
Ingram Content Group UK Ltd.
Pitfield, Milton Keynes, MK11 3LW, UK
UKHW021006220726
13924UKWH00002B/913